Ein Bilderbuch zum Lesenlernen

Mein erster Schultag

Mit Bildern von Susanne Krauß

Erzählt von Manfred Mai

Ravensburger Buchverlag

Noch lieber als in ihre möchte

Lisa in ihre  schauen. Aber

Mama  hat sie im  versteckt.

Und  traut sich nicht,

die  zu öffnen.

 zählt ungeduldig die Tage:

5 4 3 2 1.

Endlich ist es so weit!

 bekommt ihre

und darf in die .

Auf dem  kommen sie an

eine . Sie leuchtet rot.

 und  drücken den

und warten auf Grün.

Dann gehen sie schnell über die .

Auf dem  stellen sich alle mit neben die . Plötzlich läutet eine . „Jetzt geht's los", flüstert  ins .

Frau 🌸, ihre Lehrerin, kommt und nimmt die 👦👧 mit ins 🏫. 👧 und 👧 setzen sich an einen 🪑.

Moritz 👦 möchte neben Dario 👦 sitzen. Aber Lukas 👦 ist schneller und setzt sich auf den 🪑. 👦 steht neben ihm und hat 💧 in den 👀.

„Hau ab!", zischt 👦.

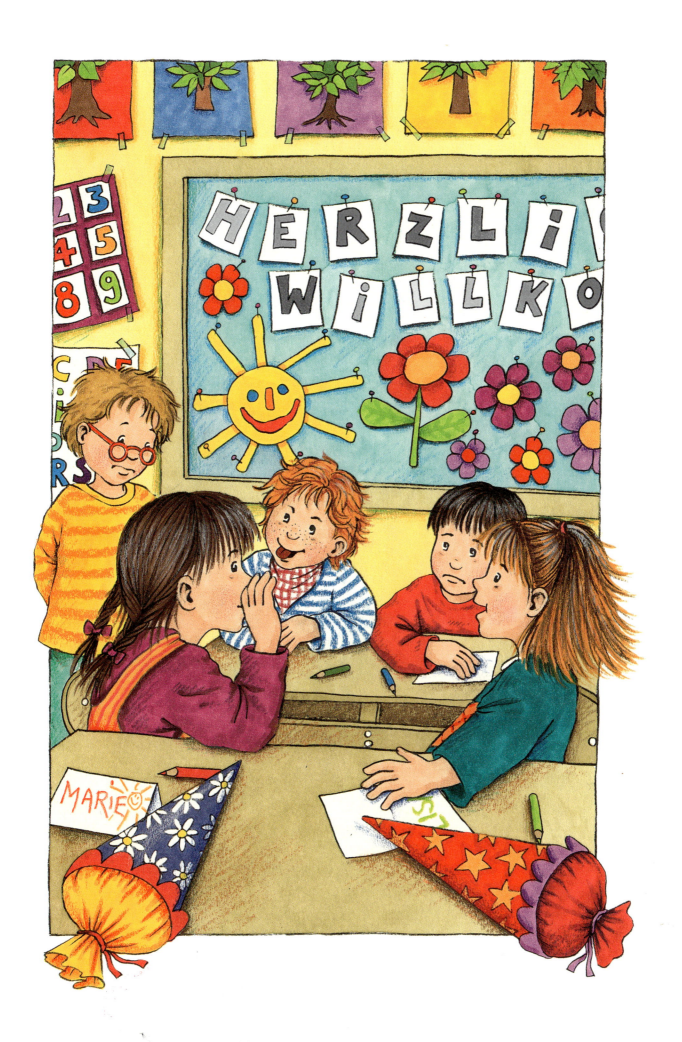

Frau  hat gute .

„Hier haut niemand ab", sagt sie

und schiebt  zusammen.

 wischt die  weg. Jetzt

kann er doch noch neben  sitzen.

Frau  malt eine

an die  und sagt:

„So heiße ich."

„Das ist ein schöner Name", sagt .

„Danke." Frau fragt: „Wer von euch

kann seinen Namen schon schreiben?"

Alle  gehen hoch.

„Prima!", lobt Frau  die .

Sie nehmen und , schreiben

ihren Namen und malen  dazu.

„Hier sind ja lauter 🌸-👫 ",

sagt Frau 🌸 und schmunzelt.

„Dann sind wir die 🌸-Klasse!",

rufen 👧 und 👧 wie aus

einem 👄. Dann zeigt ihnen Frau 🌸

2 wichtige 🚪.

„Was ist wohl dahinter?"

„Die 🚽!", ruft 👦. Frau 🌸 nickt.

„Wenn man nicht weiß, wo das 🚽 ist,

kann es in die 👖 gehen."

Die  kichern.

„Ich muss mal", sagt , verschwindet

hinter einer  und schließt ab.

 hält sich die zu.

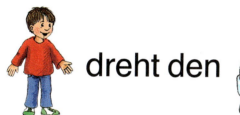 dreht den auf.

Wenig später ruft  laut

und rüttelt heftig an der .

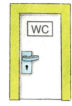 Aber die lässt sich nicht öffnen.

Auch Frau  schafft es nicht

und holt den . Der bringt

eine  und seinen

großen  mit.

„Wir kriegen die schon wieder auf",

sagt der  zu

durch die geschlossene .

Er nimmt 🔨 und 🗜 und klettert über die 🚪. „Der 🔩 klemmt", murmelt er und klopft mit dem 🔨 dagegen. Schon springt der 🔩 zurück und die 🚪 geht auf. Frau 🌸 streicht dem blassen 👦 übers 🧒. „Solange wir unseren 👨 haben, kann uns nichts passieren. Er öffnet 🚪 und 🗄, repariert tropfende 🚰, kaputte 🔥 und 💡."

Als die 🧒 wieder auf ihren 🪑 sitzen, dürfen sie sich selbst malen. 👧 malt sich mit ihrer 🐱.

👧 hat ihr 🦔 im 💪.

👦 malt einen ⚽ vor seine 🦶 und 👦 malt es 👦 nach.

👦 malt sich als 🦇.

„Huch!", sagt Frau 🌸.

„Das ist ja richtig gruselig."

👦 lacht.

In der großen Pause öffnen die

ihre . Weil heute der erste

Schultag ist, dürfen sie ausnahmsweise

,  und  essen.

Auf dem  sind viele .

Sie essen ,  und .

Ein paar große  spielen mit

einem . Plötzlich fliegt der

genau auf die von .

Das tut ziemlich weh und weint.

Ein  sagt: „Das wollte ich nicht."

Er greift in die  und schenkt

 einen .

 und  setzen sich auf eine

 und schauen den  zu.

Nach der Pause liest Frau 🌸 ein 📖 vor: Der kleine 🧸 hat sich im dunklen 🌲 verlaufen.

Dann spielt Frau 🌸 noch auf ihrer 🎸. Alle 👧👦👧 singen mit, bis die 🔔 läutet.

Draußen warten schon viele 👩‍🦰 und 👨‍👨‍👨 mit 📹 und 📷 auf ihre 👧👦👧.

Die haben jetzt viel zu erzählen.

Die Wörter zu den Bildern:

Haus 　　Tür

Garten 　　Glocke

Marie 　　Ohr

Hand 　　Blume

Weg 　　Klassen-
zimmer

Ampel 　　Tisch

Schalter 　　Moritz

Straße 　　Dario

Schulhof 　　Lukas

Kinder 　　Stuhl

Tränen 	Nase 
Augen 	Klinke 
Tafel 	Hausmeister 
Finger	Klappleiter
Papier	Werkzeug- kasten
Blumen	Hammer
Mund	Zange
Klos	Riegel
Hose	Haar
Wasserhahn	Heizkörper 

Lampen 	Brötchen
Katze	Obst 
Meer-schweinchen 	Jungen 
Fußball	Tennisball
Füße	Hosentasche
Vampir	Kaugummi 
Kekse	Bank 
Schokoriegel	Bilderbuch 
Bonbons 	Bär 
Brote	Wald 

Gitarre  Videokamera

Mütter  Fotoapparat

Väter

Die Deutsche Bibliothek – CIP-Einheitsaufnahme

Mein erster Schultag / mit Bildern von Susanne Krauß.
Erzählt von Manfred Mai. [Red.: Karin Amann]. –
Ravensburg : Ravensburger Buchverl., 2000
(Ein Bilderbuch zum Lesenlernen)
ISBN 3-473-33776-5

1 2 3 4   03 02 01 00

© 2000 Ravensburger Buchverlag Otto Maier GmbH
Illustrationen: Susanne Krauß · Text: Manfred Mai
Redaktion: Karin Amann · Printed in Germany
ISBN 3-473-33776-5